nuevas ideas

nuevas ideas

TÉCNICAS DE RELIEVE

Las ideas para la creación
de este libro han sido aportadas por

Mercè Oller / Rosa Oller

ediciones

ceac

Fotografías: Juan Carlos Martínez
© ROSA OLLER/MERCÈ OLLER
© Grupo Editorial Ceac, S.A., 1995
Para la presente versión y edición en lengua castellana
Ediciones Ceac es marca registrada por Grupo Editorial Ceac, S.A.
ISBN: 84-329-8442-6
Depósito legal: B. 36.722 - 1995
BIGSA, Industria Gráfica
Impreso en España - *Printed in Spain*
Grupo Editorial Ceac, S.A. Perú, 164 - 08020 Barcelona

Indice

Introducción

El objetivo principal de este libro es enseñar, de forma práctica y sencilla, cómo obtener relieves empleando distintos materiales, ya sean éstos pastas transparentes o estucadas, papel *maché* o papel absorbente.

Para cada tipo de material, se brinda una explicación de sus características así como de la mejor manera de trabajarlo y decorarlo, seguida de diversos modelos con las explicaciones detalladas de cómo realizarlos. En el caso del barniz de relieve, se incluye una serie de fotografías para seguir «paso a paso» el desarrollo de la técnica.

De este modo, y sin necesidad de conocimientos previos, se puede decorar con facilidad todo tipo de piezas, simplemente siguiendo los consejos que aquí se ofrecen.

Sólo es necesario tener un poco de tiempo libre, un lugar de trabajo adecuado y bien iluminado, y muchas ganas de pasarlo bien creando sus propias piezas decorativas.

Barniz de relieve

Ésta es una técnica muy sencilla de realizar, para la cual se necesitan muy pocos materiales y herramientas. Bastará con una lámina, y barniz de relieve *Mod Podge* para darle volumen.

El barniz de relieve es un líquido de color blanco que se aplica fácilmente con pincel y que, una vez seco, queda transparente. Pueden aplicarse tantas capas como se desee, según el relieve buscado.

Se debe tener la precaución de no agitar el frasco a fin de evitar posibles burbujas de aire que estropearían el trabajo. Asimismo, antes de dar una nueva capa, hay que asegurarse de que la anterior esté completamente seca, lo cual se puede saber comprobando que el trabajo haya quedado completamente transparente.

Seguidamente detallaremos todos los materiales y herramientas necesarios, e incluiremos una serie de fotografías con la explicación de la técnica paso a paso.

Barniz de relieve *Mod Podge.* Tal como se ha explicado en la técnica, es un líquido de color blanco que se vuelve transparente una vez seco y que permite dar volumen y conseguir un efecto de profundidad. El pincel se limpia con agua.

Láminas. Existe en el mercado gran variedad de láminas de diversos temas y tamaños. A la hora de elegirlas se debe considerar que tengan un tamaño adecuado a las placas de aluminio, si se trata de cuadros. Es aconsejable que no tengan demasiados elementos de fondo o perspectiva y que los dibujos no estén muy definidos, ya que se trata de imitar a un verdadero esmalte.

Placas de aluminio. Tienen un grosor de 0,8 mm y son un poco abombadas. Sirven como soporte de las láminas para realizar cuadros de relieve. Existen de varios tamaños y se pueden comprar en tiendas de manualidades.

Cola sintética blanca. Es la cola corriente de carpintero, que tiene la propiedad de quedar totalmente transparente una vez seca. Se utiliza para pegar la lámina a la superficie elegida.

Barniz cerámico. Es un barniz de gran dureza totalmente transparente e incoloro. Tiene mucho brillo, pero debe dejarse secar muy bien. Se puede aplicar con pincel o bien directamente del frasco, con lo que se consigue un acabado totalmente uniforme.

Diluyente de barniz. Así como los pinceles utilizados con el barniz de relieve se limpian con agua, los que se utilizan con el barniz cerámico se deben limpiar con un diluyente, ya que de lo contrario se estropearían.

Barreño con agua. Para eliminar la rigidez de las láminas y poder adaptarlas mejor a las placas de aluminio, se las sumerge en agua. No deben dejarse más de 2 minutos en remojo, pues de otro modo se estropearían.

Trapo limpio. Es necesario para aplicar las láminas al soporte de aluminio y eliminar las burbujas de aire que hayan podido quedar.

Pinceles. Recomendamos tenerlos de varias numeraciones. Se empleará el n.º 000 para dar relieve a los pequeños detalles, el n.º 2-4 para rellenar, el n.º 10 para encolar y dar la primera capa del relieve, y el n.º 15, plano y sintético, para barnizar (los pinceles de pelo sintético tienen la cualidad de no dejar señales cuando se barniza).

Técnica paso a paso

La aplicación de barniz de relieve *Mod Podge* sobre una lámina tiene como finalidad la imitación de un esmalte; por ello se recomienda elegir láminas con dibujos que no estén bien definidos, ya que esto nos facilitará el trabajo. Para el primer proyecto hemos elegido una lámina con la figura de una muchacha en la playa, con poca perspectiva y pocos elementos.

Poner en un barreño la cantidad de agua suficiente para que la lámina quede sumergida perfectamente sin arrugarse. De este modo la lámina quedará más blanda y flexible.

Mientras la lámina está en remojo, encolar con la cola sintética blanca la placa de aluminio (en este caso, de 13 × 18 cm), procurando que no queden espacios sin encolar.

Transcurridos 2 minutos aproximadamente, sacar la lámina del agua y sacarla cuidadosamente con una toalla o trapo limpio. Es importante no excederse de este tiempo porque, de otro modo, la lámina se ablandaría demasiado y podría estropearse el dibujo.

Pegar la lámina a la
placa de aluminio
empezando por uno
de los extremos,
procurando que quede
bien centrada.

Aplanar la lámina con
ayuda de un trapo
limpio, para sacar las
burbujas de aire que
hayan podido quedar.

Doblar los laterales de
la lámina hacia dentro
y encolarlos a la placa.
Dejar secar como
mínimo 4 horas.

Aplicar una capa fina
y uniforme de barniz
de relieve a toda la
lámina y dejar secar.
No se debe agitar ni
remover el frasco de
barniz de relieve,
ya que aparecerían
burbujas sobre
el trabajo.

Una vez seco, se dan
capas de barniz de
relieve donde se quiera
conseguir volumen.

Dejar secar muy bien
en un lugar ventilado,
pero exento de polvo,
hasta que el barniz de
relieve esté totalmente
transparente. Repetir
la misma operación
hasta conseguir el
relieve deseado y dejar
secar bien.

Una vez totalmente seco y transparente, aplicar una capa de barniz cerámico con el pincel plano del n.º 15, preferentemente de pelo sintético. Dejar secar un mínimo de 24 horas.

Si se quiere un acabado totalmente uniforme y brillante, semejante a un verdadero esmalte, después de que la capa de barniz esté completamente seca se aplica más barniz, pero en este caso vertiéndolo del mismo frasco.

Con el fin de que el barniz quede repartido uniformemente, inclinar el cuadro para que no queden espacios sin barnizar. Dejar secar de forma totalmente horizontal en un lugar ventilado y exento de polvo, durante 2 o 3 semanas, hasta que el barniz cerámico quede totalmente seco y endurecido.

Transcurrido el tiempo necesario, ya se puede enmarcar el trabajo.

Broches y medallas con relieve

Material específico:

- Láminas con dibujo pequeño de flores, paisajes, etcétera
- Bases de broches y medallas
- Barniz de relieve *Mod Podge*
- Barniz cerámico S19
- Pinceles
- Silicona transparente

Estos bonitos broches y medallas constituyen otro ejemplo de la gran cantidad de objetos y adornos que pueden decorarse con el barniz de relieve.

Para realizarlos, primero se marca con un lápiz la silueta de la medalla o broche en la lámina (de una lámina se pueden sacar motivos para hacer varias piezas). A continuación, se da una capa fina y uniforme de barniz a toda la lámina. Una vez seca, se aplican capas de barniz de relieve hasta conseguir el volumen deseado, dejando siempre secar bien las capas intermedias. Cuando está bien seco, se recortan las piezas y se barnizan con 2 capas de barniz cerámico; se dejan secar y se pegan a las medallas o broches con un poco de silicona transparente.

Caja corazón

Material específico:

- 1 caja de madera en forma de corazón
- 1 lámina de estilo romántico ref. ASTRO 340
- Barniz de relieve *Mod Podge*
- Barniz cerámico S19
- Pinceles
- Cola sintética blanca
- Papel de lija n.º 500

Para decorar esta original y práctica caja, se empieza lijando con la lija del n.º 500 toda la superficie para eliminar las pequeñas imperfecciones de la madera. A continuación, se marca con un lápiz el contorno de la caja en la lámina, de manera que quede bien centrada la silueta para poder recortarla. Seguidamente se encola con cola sintética blanca dicha silueta en la parte superior de la caja y se deja secar de 2 a 4 horas.

Una vez seco, se aplica una capa fina de barniz de relieve bien extendida por toda la lámina, para plastificar completamente la superficie.

Cuando el barniz se vuelve totalmente transparente indica que ya está seco. Se puede entonces empezar a aplicar capas de barniz de relieve para crear volumen donde sea necesario, teniendo siempre la precaución de no dar una nueva hasta que la anterior esté seca y transparente.

Para acabar, se aplican 2 o 3 capas de barniz cerámico y se deja secar muy bien.

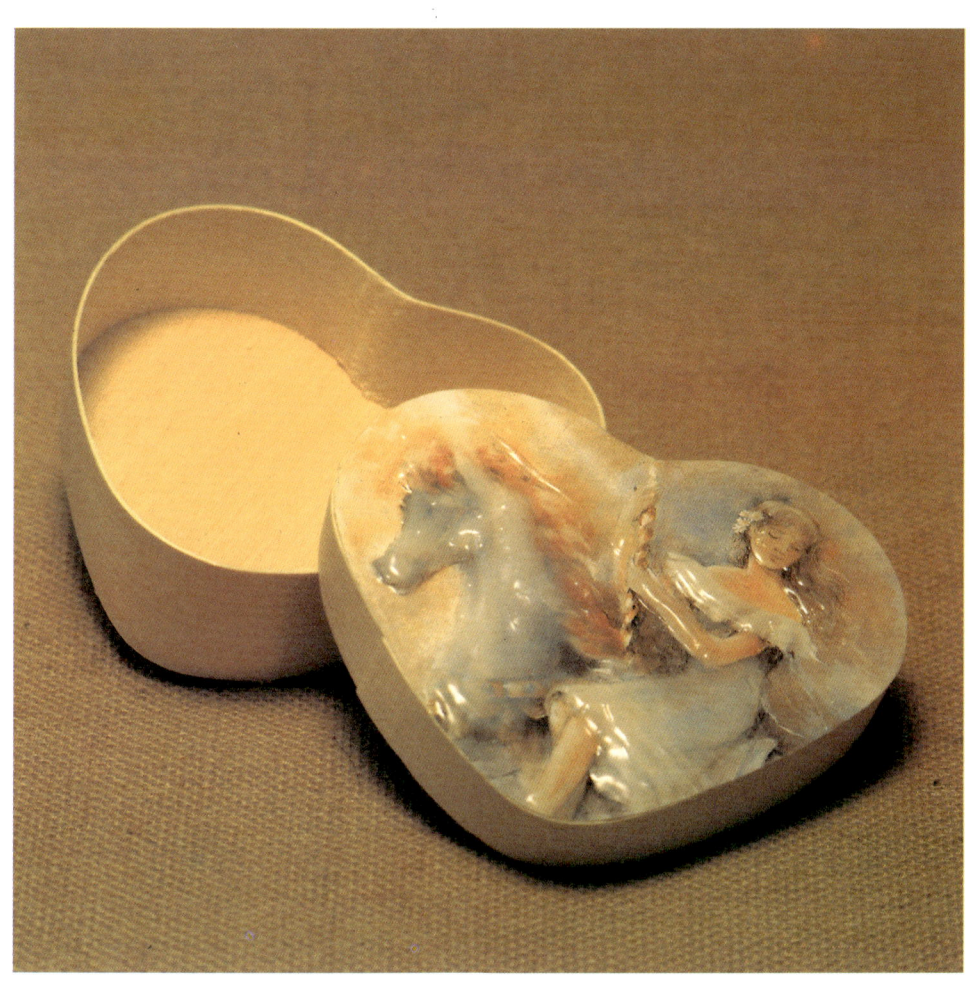

21

**Miniatura
romántica**

Material específico:

- 1 lámina de estilo romántico ref. P n.º 4
- 1 marco ref. 250
- Mixtión
- Pan de oro
- Goma laca
- Barniz de relieve *Mod Podge*
- Barniz cerámico S19
- Betún judaico
- Pinceles

Para realizar esta miniatura no es necesario pegar la lámina sobre madera, debido a sus dimensiones. Simplemente se encola a una lámina de cartón un poco grueso, lo cual permite cortarla de forma ovalada.

Una vez seco, se aplica una capa de barniz de relieve a toda la superficie y, tras dejar secar, se dan las capas necesarias de relieve, hasta llegar al volumen deseado. Una vez conseguido éste, se deja secar muy bien, se aplican 2 o 3 capas de barniz y se deja secar de forma horizontal 2 o 3 días.

En cuanto al marco, puede encontrarse uno ya dorado en tiendas de manualidades; pero, si se quiere hacer como en este caso, se debe comprar el marco natural, ya sea de plástico o de madera, dar una capa de Mixtión, dejar secar 10 o 20 minutos y aplicar el pan de oro cuidadosamente procurando no dejar ningún espacio sin cubrir.

Para fijar el oro se aplican 1 o 2 capas de goma laca y se deja secar. En caso de querer un tono ligeramente envejecido, se aplica el betún judaico con un pincel o con un trozo de algodón, y se retira seguidamente con un trapo limpio.

Una vez terminandas las dos piezas, ya podemos enmarcar nuestra bonita miniatura.

Cuadro con figura

Material específico:

- 1 lámina ref. 376
- 0,20 cm de terciopelo adhesivo de color azul
- 1 madera de 13 × 18 cm
- Barniz de relieve *Mod Podge*
- Barniz cerámico S19
- Pinceles
- 1 marco de 13 × 18 cm

He aquí otra forma diferente y original de decorar con el barniz de relieve.

Esta lámina se trabaja sin pegarla sobre madera ni cartón. Simplemente se da una capa de barniz de relieve a toda la lámina, como siempre, y cuando esté seco se da relieve a toda la figura.

Una vez conseguido el volumen deseado, se deja secar muy bien. A continuación, se recorta la silueta y se barniza con 2 o 3 capas de barniz cerámico, tras lo cual se deja secar bien. Es aconsejable recortar antes de barnizar porque, de lo contrario, con el barniz seco y endurecido la silueta podría romperse al recortarla.

Una vez barnizada y seca la silueta, se forra la madera con el terciopelo adhesivo azul y se pega en el centro con un poco de cola blanca o silicona transparente.

Caja con velero

Material específico:

- 1 caja de madera de 13×18 cm
- 1 lámina de un velero ref. 558
- Barniz de relieve *Mod Podge*
- Barniz cerámico S19
- Pinceles
- Cola sintética blanca
- Pintura acrílica Americana de color azul n.º DA 36
- Papel de lija n.º 500

Para decorar esta original caja, se prepara primero la madera lijándola con la lija del n.º 500 para sacar las pequeñas imperfecciones de la madera. A continuación, se pintan los laterales con 2 capas de pintura acrílica azul y, una vez seca, se lija con la lija del n.º 500.

Con la cola sintética, se encola la lámina a la parte superior de la caja y, transcurridas de 2 a 4 horas, se aplica una capa de barniz de relieve fina y uniforme para plastificar la lámina.

Una vez seco, se dan capas de relieve donde corresponda (en este caso se han querido resaltar las velas y el agua que está en primer término), dejando secar bien después de cada capa.

Para terminar, se barniza todo el conjunto con 2 capas de barniz cerámico.

Diversos cuadros Material específico:

- Láminas
- Barniz de relieve *Mod Podge*
- Barniz cerámico S19
- Cola sintética blanca
- Placas de aluminio
- Pinceles
- Marcos

Presentamos varios cuadros para ilustrar cómo se deben elegir las láminas para imitar un verdadero esmalte. Obsérvese que todas ellas tienen los dibujos poco definidos y con poca perspectiva.

Las láminas con temas ibicencos son muy apropiadas para esta técnica por sus dibujos y colorido.

Los tres ejemplos han sido realizados siguiendo las instrucciones que aparecen en «Técnica paso a paso».

Jarrón blanco con calcomanía

Material específico:

- 1 jarrón de cerámica
- Calcomanía de flores
- Papel de lija n.º 500
- Pintura acrílica Americana de color blanco n.º DA 1 y de color rosa n.º DA 31
- Barniz de relieve *Mod Podge*
- Barniz cerámico S19
- Pinceles

Se empieza lijando con lija del n.º 500 toda la superficie del jarrón a fin de que quede totalmente suave.

A continuación, se dan 2 capas de pintura acrílica blanca, se deja secar bien y se vuelve a lijar con lija del n.º 500 hasta que esté suave y sin rugosidades.

Una vez lijado, se da otra capa de pintura acrílica blanca, se deja secar y, sin lijar, se pega la calcomanía de flores, que previamente se ha sumergido en agua para separar el papel de la fina película de la calcomanía, y se ha secado con un papel absorbente o trapo limpio.

Cuando está seco, se dan las capas de barniz de relieve necesarias para obtener el volumen deseado, dejando secar muy bien después de cada capa.

Para terminar, se barniza todo el jarrón con 2 capas de barniz cerámico y se lo deja secar muy bien, como mínimo 1 semana.

Se aconseja no llenar el jarrón con agua, ya que, al ser poroso, dañaría todo el trabajo.

Pasta de relieve Snow Tex

Se trata de una pintura de textura granulada que imita un estucado. Con ella se consiguen motivos decorados de gran relieve sobre toda clase de materiales (madera, cristal, barro, cartón, etc.).

Se puede aplicar con pincel o bien con espátula, según el relieve que se quiera conseguir, y tiene la característica de poseer una gran adherencia, total dureza y excelente resistencia a las temperaturas extremas y al agua.

Una vez totalmente seca, se puede decorar con cualquier tipo de pintura. Debido a su rápido secado, se recomienda limpiar enseguida con agua todas las herramientas y las manos, antes de que se seque.

Materiales necesarios:

Pinceles. Recomendamos los de pelo un poco duro, ya que de lo contrario el trabajo se dificulta. Se utilizan pinceles finos para los detalles, y de numeración superior para rellenar. Una vez finalizado el trabajo, hay que limpiar rápidamente los pinceles con agua para evitar que queden rígidos por la pintura.

Espátulas. Se emplean en lugar de los pinceles cuando se desean obtener máximos relieves. Se toma la cantidad necesaria de Snow Tex y se rellena el dibujo según el grosor que se desee.

Pintura acrílica Americana. Sobre los relieves realizados con Snow Tex se puede pintar con cualquier tipo de pintura, pero recomendamos las pinturas acrílicas de la marca Americana por su facilidad de secado y aplicación. Se encuentran en tiendas de manualidades con una extensa gama de tonalidades que se pueden mezclar entre sí.

Su textura y composición hace innecesario el uso de tapaporos, y los pinceles y herramientas se limpian fácilmente con agua. Puede tener varios acabados (mate, brillante o satinado) según el barniz final que se aplique.

Papel de lija. Utilizaremos lija de grano fino (el n.º 500 es el más apropiado) para alisar las pequeñas imperfecciones de las piezas de cerámica o madera.

Pintura metalizada Americana. Cuando se quiere dar un aire diferente y de más calidad a un trabajo, se pueden emplear pinturas metalizadas, que permiten crear unos brillos que contrastan con la rugosidad del Snow Tex.

Cuadro con violetas   Material específico:

- 2 láminas de violetas ref. F 28
- Snow Tex
- Pinceles
- Madera de 24 × 30 cm
- 1 marco de 24 × 30 cm
- Pintura acrílica Amerciana de varios colores
- Cola sintética blanca
- Barniz acrílico Americana

Se empieza por encolar una de las láminas a la madera con la cola sintética blanca. Con la ayuda de un trapo limpio, se la aplana bien para que no aparezcan burbujas de aire.

A continuación, se aplica el Snow Tex a todo el dibujo, procurando resaltar las zonas más cercanas para crear perspectiva. Para el primer trabajo, recomendamos elegir una lámina sencilla con elementos grandes y sin fondo.

Una vez seco, se dan tantas capas como se desee hasta obtener el grueso buscado. A continuación, y tomando como modelo la segunda lámina, se pinta el trabajo con la pintura acrílica o bien con pinturas al óleo, con los mismos tonos que el modelo.

Se requieren dos láminas porque el Snow Tex es opaco y tapa el modelo original, por lo que no deja ver los tonos con los que hay que pintar.

Cuando está totalmente pintado y seco, se pueden dar diversos acabados, ya sea mate, satinado o brillante, según el barniz que se le aplica.

Y, una vez seco, sólo queda enmarcar la obra.

Jarrón abstracto

Material específico:

- 1 jarrón plano de cerámica
- Papel de lija n.º 500
- Snow Tex
- Pinceles
- Cola para papel metalizado
- Papel metalizado de color cobre
- Pintura metalizada Americana de color bronce n.º DA 73
- Goma laca

Para realizar este original y decorativo jarrón, se empieza por lijar con la lija del n.º 500 toda su superficie, para que quede suave y sin rugosidades.

A continuación, se dan 1 o 2 capas de goma laca para tapar los poros de la cerámica. Después, con la ayuda de un lápiz, se dibujan formas abstractas, dejando entre ellas un espacio de un centímetro aproximadamente.

Con la ayuda del dosificador en forma de cánula, se repasan las líneas de lápiz con la cola para el papel metalizado y se deja secar de 8 a 10 horas, hasta que la cola quede perfectamente transparente. Una vez transcurrido dicho tiempo, se aplica el papel metalizado de color cobre. Así se consiguen unas líneas de color cobre con brillo de metal.

Después se rellenan todas las formas con Snow Tex, cuidando de no sobrepasar las líneas de cobre. Se puede aplicar 1 capa gruesa o 2 capas más finas hasta conseguir los volúmenes deseados.

Una vez seco, se rellena con pintura metalizada de color bronce el espacio de 1 cm aproximadamente que ha quedado entre línea y línea.

Jarrón con líneas de cobre

He aquí otra opción para decorar el jarrón anterior.

Como se puede apreciar en la fotografía, el material necesario es el mismo que el expuesto antes. Se lija muy bien la superficie y se dan 2 capas de goma laca para tapar los poros.

Una vez realizado el dibujo, en este caso unas simples líneas, se rellena con el Snow Tex, se perfilan los contornos con el pegamento para papel metalizado y, transcurrido el tiempo necesario, se pega el papel metalizado de color cobre.

Seguidamente, con la pintura de color bronce se pinta el resto del jarrón.

Jarrón con tapa

Material específico:

- 1 jarrón de cerámica con tapa
- Papel de lija n.º 500
- Pintura acrílica metalizada Americana de color verde n.º DA 125
- Snow Tex
- Pinceles
- Cola para papel metalizado
- Papel metalizado de color cobre
- Barniz acrílico Americana brillante n.º DS 13

He aquí una pieza decorativa y original fácil de realizar.

Se lija toda la superficie para eliminar rugosidades. Seguidamente se pintan las líneas del jarrón con pintura acrílica metalizada de color verde y, una vez seco, se da una segunda capa.

Se deja secar y se aplica el Snow Tex, cuidando de no sobrepasar las líneas verdes.

Cuando está totalmente seco, con la ayuda del frasco dosificador de la cola se hace una pequeña cenefa alrededor de las líneas verdes. Se deja secar el tiempo necesario, aproximadamente unas 24 horas, y se aplica el papel metalizado de color cobre.

Una vez terminado, si se quiere un acabado brillante en las líneas verdes, se pueden barnizar con barniz acrílico brillante.

Relieves con papel *maché*

El papel *maché* es una de las pastas que se pueden utilizar para dar relieves, pues es muy moldeable y fácil de elaborar y aplicar sobre cualquier superficie.

La preparación es muy sencilla; simplemente se necesita el polvo de papel *maché* (que se consigue en tiendas de manualidades), agua y cola sintética blanca.

En un recipiente se pone un poco de papel *maché*, según la cantidad necesitada, se añade un vaso de agua y una cucharada colmada de cola sintética blanca y se mezcla todo, amasándolo pacientemente con las manos. Si es necesario, se agrega un poco de agua, hasta que la pasta quede bien fina y compacta.

Para conservar lo que sobre de papel *maché*, se envuelve en una bolsa de plástico para evitar la transpiración y se guarda ésta en el frigorífico. Así conservará sus propiedades durante varios días.

Una vez moldeado, el papel *maché* puede pintarse con cualquier pintura, ya sea acrílica, óleos, etc.

Cuadro con paisaje

Material específico:

- 1 placa de madera de 13 × 18 cm
- Papel *maché*
- Pinturas al óleo
- Pinceles
- Barniz
- 1 lámina o fotografía de paisaje
- Marco de 13 × 18 cm

Para realizar este bonito cuadro se puede pegar una lámina o dibujarla sobre la madera, a fin de tener una guía para hacer el trabajo.

Después se aplica el papel *maché* donde se quiera dar un poco de forma o crear rugosidades, dependiendo del dibujo. En este caso, lo hemos aplicado a las montañas para que queden más rugosas y contrasten con la ermita, más lisa.

Una vez bien seco, se aplica pintura al óleo para darle el colorido adecuado.

Por último, cuando la pintura se ha secado se aplica el barniz, ya sea mate, brillante o satinado.

Caja ovalada
con flor amarilla

Material específico:

- 1 caja ovalada
- Papel *maché*
- Pinturas acrílicas Americana de color verde n.º DA 49, azul n.º DA 36, amarillo n.º DA 11 y amarillo anaranjado n.º DA 10
- Barniz acrílico Americana mate n.º DS 14
- Papel de lija n.º 500
- Pinceles

Para realizar esta llamativa caja, se empieza lijando como de costumbre, hasta que quede bien suave.

Seguidamente, se da una capa de color azul, se vuelve a lijar suavemente una vez seca y se aplica una segunda capa de color azul.

Con la pasta de papel *maché* se da forma a las hojas y los pétalos de la flor, se deja secar bien y se lija un poco para que quede totalmente suave.

Para darle colorido, se pintan las hojas con el color verde, los pétalos con el amarillo y las puntas con el amarillo anaranjado. En la tapa superior se dan dos capas de color amarillo anaranjado al canto que la une con la parte inferior, lo cual le da un toque divertido y más vistosidad.

Una vez bien seca la pintura, se aplica una capa de barniz mate.

Caja rosa con oso

Material específico:

- 1 caja
- Pintura acrílica Americana de color rosa pálido n.º DA 24, marrón n.º DA 114, rojo n.º DA 19, negro n.º DA 67, amarillo n.º DA 10 y blanco n.º DA 1
- Plantilla para estarcido
- Papel de lija n.º 500
- Pinceles
- Barniz acrílico Americana mate n.º DS 14

Se empieza como de costumbre, lijando la caja para dejarla bien suave y sin rugosidades.

Seguidamente, se aplica la plantilla para estarcido con el motivo deseado y se repasan los contornos con el lápiz.

Cuando se tiene el dibujo en la caja, se aplica el papel *maché* para dar relieve y se deja secar bien.

Una vez seco, se repasa un poco con papel de lija para que quede bien suave, y se pinta la caja con el color rosa pálido; se deja secar y se da una segunda capa.

A continuación se colorea el dibujo, en este caso el oso. Se pinta de marrón lo que representa la cabeza, brazos y pies; el cuerpo, de color rojo con un adorno en blanco, y la pajarita, de amarillo. Para los ojos, nariz y boca, se emplea un pincel fino y el color negro.

Una vez totalmente seco, se puede barnizar.

Caja cuadrada con relieve

Material específico:

- 1 caja cuadrada
- Papel *maché*
- Pintura acrílica Americana de color bronce n.º DA 73, oro n.º DA 71 y gris n.º DA 95
- Cola para papel metalizado
- Papel metalizado de color cobre
- Pinceles
- Papel de lija n.º 500
- Barniz acrílico Americana satinado n.º DS 15

He aquí una bonita forma de decorar una caja para conseguir un acabado muy original.

Se empieza lijando la superficie para que quede bien lisa y exenta de rugosidades. Seguidamente, se da una capa de pintura de color bronce en los laterales de la caja y de color gris en su parte superior; cuando está seca, se lija un poco y se vuelve a dar otra capa de bronce y de gris respectivamente.

Una vez preparada la base, se hace el dibujo elegido y se rellena con papel *maché*. Mientras el papel está blando, se puntea con la ayuda de un punzón para que quede más original, y se deja secar hasta que endurezca.

Cuando está completamente seco, se pinta el relieve con la pintura metalizada de color oro y se aplica la cola para el papel metalizado en los laterales de la caja, se deja secar hasta que esté perfectamente transparente (o sea, aproximadamente 24 horas), y luego se aplica el papel metalizado de color cobre.

Una vez seco, se barniza con barniz acrílico satinado.

Relieves con papel absorbente

Se trata de una técnica muy sencilla de realizar, económica y con unos resultados sorprendentes.

Sólo se necesita Wood Sealer, agua y papel absorbente. Wood Sealer es un tapaporos a base de látex y soluble en agua con el que se consigue dar dureza al papel absorbente.

Tras preparar adecuadamente el soporte que se desea decorar (céramica, madera, etc.), en un pequeño recipiente se mezcla agua y Wood Sealer en una proporción de 1 a 1; se moja con esta mezcla la pieza que se quiere decorar y se aplica el papel absorbente. Los pliegues o arrugas deseados se realizan con la ayuda de un pincel mojado con dicha mezcla.

Una vez conseguidos los relieves deseados, se deja secar como mínimo 24 horas. Cuando esté totalmente seco se aplica una capa de la misma mezcla de agua y Wood Sealer sobre todo el conjunto y se deja secar 24 horas más. Con esto se conseguirá dar dureza a los pliegues de papel absorbente.

A continuación, se aplica el color elegido a toda la pieza, procurando insistir en los pliegues para que no quede ningún rincón sin pintar. Es conveniente dar 2 o 3 capas de color, dejando transcurrir 24 horas entre cada capa para que se sequen.

Cuando la última capa está seca, se da una pátina de crema aplicándola con los dedos o con un trozo de algodón. Se recomienda siempre aplicar pátinas, ya que con esto se realzan los relieves.

Una vez seco, se barniza la pieza con barniz acrílico, ya sea en aerosol o para aplicar con pincel, teniendo en cuenta que existen barnices con diferentes acabados (mate, satinado o brillante) según lo que más convenga.

Materiales necesarios:

Wood Sealer. Tapaporos que, mezclado a partes iguales con agua, permite aplicar el papel absorbente a la pieza a la vez que le da consistencia.

Papel de lija n.º 500. Se utiliza para dejar lisa y sin rugosidades la pieza que se quiere decorar.

Pinceles n.ºs 4 y 6. Se emplean para aplicar la mezcla de Wood Sealer con agua y para pintar la pieza.

Pintura acrílica. Pintura a base de agua. Está especialmente indicada la de la marca Americana por su textura y calidad. Se utiliza para pintar la pieza. Se aplican 2 o 3 capas, dejando secar 24 horas entre cada capa.

Pátinas Ceramichrome. Con ellas se realzan los pliegues o arrugas creados con el papel absorbente. Se recomiendan las de colores metalizados, ya sean dorados, cobrizos, plateados, etc., pero también se pueden crear pátinas con los mismos colores de pintura acrílica.

Barniz. En cuanto a su aplicación, puede adquirirse en aerosol o preparado para aplicar con pincel. Asimismo, existen en diferentes acabados: mate, satinado o brillante.

Papel absorbente. Pueden emplearse rollos de cocina, servilletas de papel o papel higiénico. Se aplican 2 o 3 capas, según el grueso de los pliegues que se desea conseguir.

Jarrón verde y oro

Material específico:

- 1 jarrón de cerámica
- Papel de lija n.º 500
- Pintura acrílica Americana de color verde n.º DA 52
- Pátina de color oro verdoso Ceramichrome MS 211
- Papel absorbente
- Wood Sealer
- Barniz acrílico Americana mate n.º DS 14
- Pinceles

Como de costumbre, se empieza lijando el jarrón para eliminar las pequeñas imperfecciones.

Seguidamente, se aplica el papel absorbente a todo el jarrón y se forman las arrugas o pliegues necesarios. En este caso hemos utilizado solamente 2 capas de papel. Para acabar el trabajo, se siguen las mismas indicaciones dadas para el anterior, pero utilizando la pátina de color verdoso.

Con esta técnica se puede decorar cualquier jarrón aunque ya esté trabajado anteriormente con otro procedimiento.

Conjunto de broche, pulsera y pendientes

Material específico:

- 1 broche ref. 451
- 1 pulsera ref. 1081
- 1 par de pendientes ref. 1024
- Papel absorbente
- Pintura acrílica Americana de color carmín n.º DA 22
- Pátina de color oro viejo Ceramichrome MS 203
- Barniz acrílico Americana satinado n.º DS 15
- Wood Sealer
- Pinceles
- Papel de lija n.º 500

Para decorar este bonito conjunto de bisutería, se empieza lijando toda la parte superior de las placas a fin de que queden un poco rugosas y se adhiera mejor el papel absorbente.

A continuación, se mezcla agua y Wood Sealer y se cortan trozos de papel absorbente un poco más grandes que la pieza (en este caso hemos utilizado 2 capas de papel). Se pintan las placas con la mezcla, se coloca el papel absorbente sobre ellas y, con la ayuda de un pincel mojado con la misma mezcla, se forman los pliegues.

Tras dejar secar muy bien, unas 24 horas, se recorta con unas tijeras el sobrante de papel que haya podido quedar. A continuación, se da a todas las placas una capa de la misma mezcla para conseguir más dureza, y se deja secar 24 horas más.

Una vez transcurrido este tiempo, se aplica la pintura acrílica de color carmín a todas las piezas, insistiendo en los pliegues. Se deja secar y se aplica una segunda capa.

Cuando está seco, se toma una pequeña cantidad de pátina en crema de color oro viejo y se aplica con los dedos a todos los pliegues. Para acabar, se barniza con el barniz satinado.

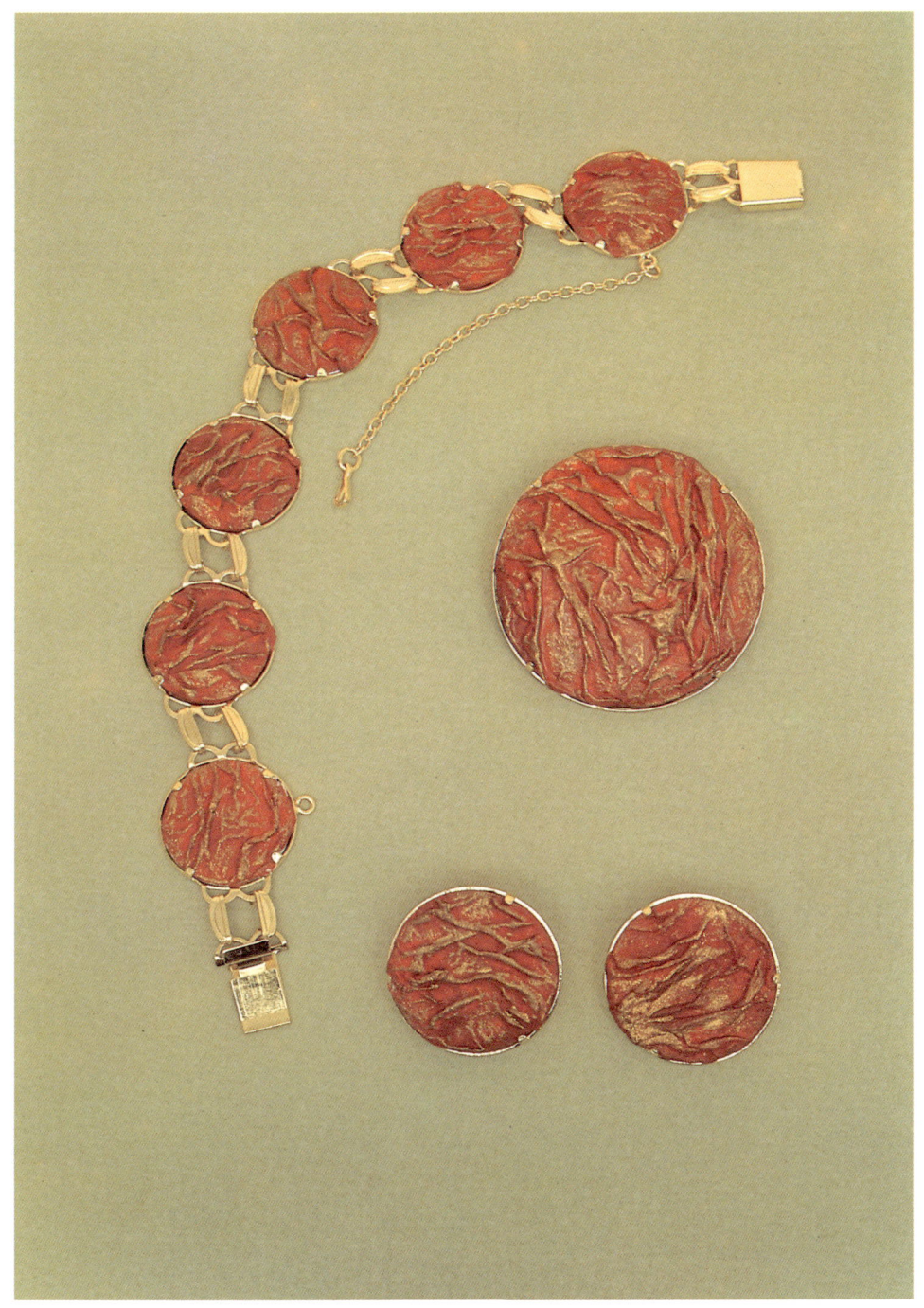

Jarrón azul

Material específico:

- 1 jarrón de cerámica
- Papel de lija n.º 500
- Pintura acrílica Americana de color azul oscuro n.º DA 100
- Pátina de color azul plata Ceramichrome MS 214
- Papel absorbente
- Wood Sealer
- Barniz acrílico Americana mate n.º DS 14
- Pinceles

Para la decoración de este precioso jarrón, se lija en primer lugar toda la superficie con el papel de lija del n.º 500, a fin de que quede bien suave y exenta de rugosidades.

Seguidamente, se aplica el papel absorbente de la forma indicada anteriormente, pero sólo en la mitad superior del jarrón. En este caso se aplican 3 capas de papel para que los pliegues queden con más volumen.

Una vez secos los pliegues, se da una capa de la mezcla de Wood Sealer y agua a fin de que se endurezcan los relieves.

Cuando está bien seco, se dan 3 capas de pintura acrílica de color azul oscuro, dejando secar bien después de cada capa.

Por último, se aplica con los dedos una pequeña cantidad de la pátina de color azul plateado, para que no quede todo manchado, y se barniza con barniz acrílico mate.

Portarretratos doble

Material específico:

- 1 portarretratos doble de madera
- Papel de lija n.º 500
- Pintura acrílica Americana de color rosa oscuro n.º Da 29
- Papel absorbente
- Wood Sealer
- Barniz acrílico Americana satinado n.º DS 15
- Pinceles
- Pátina de color plata Ceramichrome HS 204

Para realizar este original portarretratos, se empieza lijando toda la superficie hasta que quede bien lisa. A continuación, se cortan unos cuadros de papel absorbente de unos 7×7 cm y se forman con ellos unas bolas que se pegan una al lado de la otra con la mezcla de Wood Sealer y agua, hasta rellenar la parte frontal del portarretratos.

Una vez seco, se aplica una capa de la misma mezcla a todo el relieve, con el fin de endurecerlo. Transcurridas 24 horas aproximadamente, se dan 3 capas de pintura acrílica de color rosa oscuro, dejando secar muy bien después de cada capa. Cuando esté bien seco, aplicaremos sobre el relieve la pátina de color plata con los dedos.

Para terminar, se da una capa de barniz acrílico satinado.

**Macetero
con relieves**

Material específico:

- 1 macetero
- Papel de lija n.º 500
- Papel absorbente
- Wood Sealer
- Pinceles
- Pintura acrílica Americana de color marrón oscuro n.º DA 64 y de color oro n.º DA 71
- Barniz acrílico Americana brillante n.º DS 13
- Pátina de color oro Ceramichrome MS 200

He aquí cómo convertir un viejo macetero en un original y divertido objeto para poner macetas con plantas.

Como de costumbre, se empieza lijándolo para que quede exento de rugosidades. Luego se marcan unas líneas equidistantes repartidas por todo el objeto, para intercalar zonas en relieve y zonas lisas. Se utilizan 4 capas de papel absorbente, mojado con la mezcla de agua y Wood Sealer, intentando que los pliegues queden perpendiculares a la base.

Una vez seco, se da como siempre una capa de la misma mezcla. A las 24 horas, se pintan los relieves con la pintura acrílica de color marrón y la parte lisa, con el color dorado. Se dan 3 capas, dejando secar unas 24 horas después de cada capa.

Cuando está totalmente seco, se aplica con los dedos la pátina de color dorado sobre los relieves pintados en color marrón.

Para acabar, se barniza con el barniz brillante.

Títulos publicados

CÓMO HACERLO